Agua

José Marzo

Agua

(aforismos, 2011-2015)

ACVF EDITORIAL
MADRID

Diseño de la colección:
La Vieja Factoría
Ilustración de cubierta: equipo de diseño de La Vieja Factoría

Lectura de prepublicación:
Lola Coya.

Primera edición en libro: agosto de 2016

Segunda edición en libro: noviembre de 2018

© José Marzo, 2016, 2018
© ACVF EDITORIAL, 2016
www.acvf.es

ISBN: 978-84-949453-1-1

Impresión digital bajo demanda. Próximamente disponible en *ebook*.

A los que, en la plaza o en su estudio,
vieron más lejos y más claro.

Prólogo

Clavamos en este palmo de tierra de ningún sitio esta bandera invisible.

1. El Planeta de las Letras

(aforismos sobre literatura)

Un buen aforismo es el peldaño que el lector pisa para subir.

La novela nació de una conciencia crítica de la realidad, y con ella morirá.

La buena novela, desde la primera novela nunca escrita, es un viaje mental. El del escritor. Y una pluralidad de viajes posibles, uno por cada lector.

Creamos realidades paralelas en las que vivir con la imaginación, y desde las que mirarnos, sentirnos, juzgarnos y entendernos. Y redimirnos.

Igual que conversamos con una persona con la que no estamos por completo de acuerdo, también podemos leer un libro que en muchos aspectos nos disgusta. De sus errores se aprende tanto como de sus aciertos.

Si dudas ante la página en blanco, escribe las dudas.

Esta frase ha dudado cien veces antes de afirmarse.

Las cosas nunca son sencillas, sólo las palabras pueden serlo. Las palabras sencillas, al destacar lo relevante, apuntan mejor a lo complejo.

Todo está relacionado con todo, así que cualquier punto de la realidad lleva a cualquier otro punto. La misión que se impone el escritor realista es desvelar tales relaciones y crear una ficción más contrastada y significativa que la propia realidad.

Frases como cerezas, con forma, color y sabor.

Escribir nuestras opiniones es la oportunidad de expresamos con más claridad y mesura que hablando. La rabia escrita sólo es legítima si es necesaria.

El estilo tiene que ser preciso, por la misma razón que el martillo debe ser duro.

Reivindiquemos la narración del pluralismo y superemos los fragmentos inconexos de la posmodernidad, vieja prematura.

Nada consuela tanto a una mente fatigada como un juego de palabras sugerente y fraudulento.

Lo bueno se tapa con lo mucho, y lo excelente con lo demasiado.

Hay que limpiarse los granos de vanidad como el sudor.

El escritor con autoestima crece con el bocado de cada crítica negativa.

Tu susurro también es el aleteo de la mariposa.

Lo imaginario también es real. Una realidad imaginada, que el escritor realista trata como tal.

Una sola incorrección gramatical de Pío Baroja tiene más fuerza expresiva que toda la esforzada prosa de sus detractores, que para despreciar el talento se aprietan el cinturón de la gramática.

Narrando lo ficticio con la viveza de lo vivido y la veracidad de lo auténtico.

El escritor maduro también creyó en ese tipo de éxito y lo deseó. Ahora cree en la inteligencia, la belleza y la emoción de las obras genuinas.

Y valora más la estima de un buen lector que las medallas de los otros.

Una verdad narrativa es una ficción veraz. Veraz. Veraz.

La funcionaria apacible, de cabellos plateados, dice: «Ningún libro ha vuelto a inquietarme como aquellos que leíamos en la juventud. ¿Son distintos los libros? ¿O somos nosotros los que hemos cambiado?»

También la confusión puede y debe escribirse con claridad, y lo intrincado, con sencillez.

Temblemos ante la capacidad de los medios de comunicación de masas para construir un falso prestigio y hundir una reputación merecida.

Se siente una liberación al escribir novelas: en lugar de juzgar a las personas, debes entender a los personajes; en lugar de estar en juego tu yo, lo apaciguas, lo disuelves.

Soñó que todas estas palabras flotaban como cáscaras vacías en un mar muerto.

Cuando los personajes se apropian de ti para contar su historia, nace la novela.

Si las ideas son edificios, y la cultura, alimento, entonces el neoliberalismo ha vendido las ideas como entradas para parques temáticos, y la cultura como cosmética.

Entre las mayores virtudes del arte, se encuentra su capacidad para afinar nuestros sentidos y nuestra inteligencia, disponiéndonos para el gozo de la vida y para el entendimiento de la realidad.

No hay mejor droga estimulante que un texto inteligente.

Una metáfora, como un abrazo, como una lucha cuerpo a cuerpo.

Hay aún más belleza en las cosas más sencillas, elementales.

O aceptamos pagar un precio justo por la cultura de calidad, como particulares o como contribuyentes, o nos convertiremos en consumidores acríticos y sumisos de cultura patrocinada.

El lector huele en tu pretensión la huella de tus complejos.

En una docena de palabras, qué fácil es caer en la grandilocuencia.

Querido amigo: ni crecerás por sentarte sobre la espalda de otros, ni encogerás por retratarte junto a gigantes. Al verdadero escritor se lo reconoce por su voluntad de seguir una evolución propia, por su tendencia a extraviarse allí donde otros viajan a rebufo de la corriente dominante.

La escritura es un acto solitario: aprende a estar solo.

Una gran autobiografía: casi una forma de llorar por lo que fue y no debió haber sido, por lo que no fue y debió ser, y por lo que felizmente fue.

El genuino acto creativo se inicia con la ruptura de las normas y se realiza con la plasmación de normas propias. Esta norma nueva y personal es el estilo. En arte, la ausencia de normas no es libertad creativa, sino carencia de estilo.

La pedantería se empeña en escribir por nosotros sin soltar el fardo de nuestros complejos.

Walt Whitman mostró en su poesía que la democracia es también un sentimiento: el reconocimiento de la igualdad, la celebración de la diversidad.

El valor de un aforismo se halla menos en su parte de verdad que en su capacidad para animarnos en nuestra búsqueda de lo verdadero.

La pedantería, la afectación, el cultismo innecesario, las expresiones alambicadas y farragosas, la altisonancia, son síntomas de una cultura literaria hecha más para el autobombo que para comunicar, más para deslumbrar que para aclarar, más para el prestigio que para la belleza, más para imponer que para persuadir.

Para designar un «canon» de muchos títulos, de muchos nombres, ya existe la palabra «catálogo».

Lo farragoso no es ni inteligente ni complejo, sino farragoso.

La ironía tiene dos cabezas: con una parece invitarte a pensar, la otra no disimula su burla.

La mitad del valor de un buen libro depende de un buen lector.

Persiguiendo la perfección, apreciando lo imperfecto.

Para que el pensamiento resuene, afina primero las palabras.

Los pianistas practican la improvisación con ejercicios y estudio tenaz. También los pintores. Y los escritores... La rutina y el ejercicio regular son la base de la creatividad y de la libertad genuinas.

El personaje se levanta cuando derrotas por fin a tus prejuicios.

Para qué escribir peor que hablar: más oscuros, retorcidos y pretenciosos. No llamemos «literatura» a nuestros monstruos.

La ciencia aspira al promedio y lo representativo, la literatura contemporánea se acerca a lo singular y lo único.

Yo no escribo para un millón de lectores, ni para diez mil, ni para cien... yo escribo para ti.

Una generación de escritores bien alimentados, que crecieron en democracia y dispusieron de bibliotecas públicas, que pudieron abrirse a la literatura de otras lenguas y absorber los logros de la ciencia, que tuvieron la oportunidad única de invertir en sus obras conocimiento, técnica y tiempo... esta generación fracasó sin haber presentado batalla, ni estética, ni ética, ni política... fueron derrotados por una élite que, legitimada por el posmodernismo y amparada en una relación privilegiada con la industria cultural y las instituciones, desvalorizó el arte, exaltó la mediocridad y aisló y frustró a los mejores.

«Te quiero», «dos y dos son cuatro», «construyamos juntos un puente»... cosas que o se dicen clara y directamente o no se dicen nunca.

Si los escritores tuviéramos presente que el lector debe recrear una obra, darle voz, ritmo, imágenes, dotando de cuerpo a cada palabra, seríamos más autoexigentes, más humildes.

El placer de decir pocas cosas, para pocos, en voz baja.

Quienes critican una novela seria por su falta de humor o una novela humorística por su falta de seriedad, expresan, más que sus gustos, su carencia de gusto.

Si un asunto o un argumento no te satisface, ni te permite avanzar, ni señala una salida, guárdalo en un frasco con formol en el estante de las curiosidades.

Si te aplauden por expresar lo que piensas, quizás no hayas dicho lo que piensas o no hayas pensado lo suficiente.

Que tu estilo, como el punzón de los antiguos griegos, sea ligero y ágil.

Entretener es una condición de la buena novela, pero no la única ni la principal.

Con el libro electrónico, sin papel, sin capitulares de filigrana ni huecograbados en cubierta, quizá la suerte de la literatura acabe dependiendo más que nunca del puro texto.

¿Dónde están los poetas, los músicos, los pintores y los pensadores de esta revolución? ¿Lo somos todos un poco? ¿O no lo somos ninguno?

«Citar es citarse», escribió Julio Cortázar.

Polvo encima del polvo, literatura sin estilo.

La nueva escritura vuelve a unir fondo y forma.

La escritura feliz puede tratar asuntos graves o ligeros, tristes o divertidos, con un lenguage formal o coloquial. La escritura feliz es acabada y certera, eficaz. En la escritura feliz, el fondo y la forma armonizan y el texto se hace transparente.

El analfabeto volitivo ha renunciado a leer buenos libros.

Deprimir al Larra vivo, añorar al Larra muerto: la cultura y el periodismo españoles, entre la mezquindad y la culpa.

Al definirse por su número de lectores, se estaba retratando.

El industrial acarició la idea de que el éxito de los libros bien pudiera decidirse en su despacho, a puerta cerrada.

Si escribiera todo lo que pienso, tendría más seguidores, aún más enemigos, y menos autoestima.

No hay estética que pueda levantarse apoyándose en el aburrimiento del lector.

El artista sabe afinar el martillo del ruido.

Si se puede decir de otro modo, quizá no hayas dicho lo que quieres decir.

La literatura precisa de una crítica informada, culta y exigente, atrevida e incorruptible, inteligente, orgullosa de su papel, reconocida por él.

Breve historia de la cultura española al revés (y con algunos paréntesis): el Tribunal de la Inquisición, la Censura Gubernativa, la Exclusión Corporativa.

Una voz se afina con otra voz.

Lo plural no nace de la suma de lo fragmentario, tampoco de la suma de las perspectivas particulares, sino de su mestizaje.

Caminé por el lenguaje como un bebé ciego a gatas por un mundo nuevo.

Desde don Quijote, las letras españolas son una república, la República de las Letras.

En la lectura de la gran novela, de la novela feliz, la palabra se hace transparente.

Radical: de raíz. Sinónimos: genuino, profundo. Antónimos: vano, superficial.

¿Cómo sería una obra escrita con la sombra de un puñal a la espalda? Desde luego, no *Las mil y una noches*.

Hubo un momento en que el piano y el pianista parecían un solo animal, tierno y salvaje.

Ninguna gran novela se ha construido nunca en el solar de un lector que bosteza.

El deseo del profesor aprendiz: una sociedad en la que se estimule el sentido crítico, la creatividad y el debate democrático.

En la música, como en un argumento, como en una narración, el silencio interpela al oyente: una prolongación, una alusión, una expectativa...

Se aprende más de una crítica aviesa que de un elogio condescendiente: el segundo te adormece, la primera te incita.

Un libro escrito con descuido, editado con descuido, no es un libro más, sino un libro menos.

El realismo... los realismos fueron, son y serán la piedra de toque de la gran novela; unas veces para acercarse, y otras para alejarse.

Nuestra biblioteca personal no la forman los libros que tenemos, sino los libros que leímos y nos dejaron un poso de asombro, inquietud y belleza.

La provocación es al arte lo que el ketchup a la gastronomía.

La obra de arte se consuma cuando se emancipa del modelo y del artista y establece un libre diálogo con el espectador. Al arte clásico le costaba emanciparse del modelo, mientras que el arte contemporáneo luce el nombre del artista como una etiqueta cosida con candados.

Nuestra impostura se delata por un chirrido entre lo que pretendemos expresar y lo que de hecho escribimos.

La medida de tu talento son las obras de aquellos cuyo talento admiras.

La lectura atenta de un libro extraordinario es una experiencia tan intensa y profunda que bien puede resultar decisiva en una biografía individual.

Síndrome del «Universo»: pretender decir todo, no decir casi nada.

Cuando Cervantes se postra en sus textos ante el noble... ¿no percibes la mueca, la media sonrisa?

¿Cultura gratis? Abre los ojos: la cultura dominante no es gratis, sino patrocinada.

¿Dónde está el debate literario? La doctrina tácita de que una mala crítica perjudica a las ventas y al consenso del prestigio, ha acabado por untar una capa de viscosa propaganda sobre la cultura.

Las cosas algo bellas sufren al explicarlas; las cosas muy hermosas crecen a ojos vista.

Solicitamos asilo cultural en la democracia posible.

Si se vaciaran las gradas del estadio de fútbol o se estropearan los televisores, el juego perdería, antes que su atractivo, su sentido. ¿De qué hablamos cuando hablamos de muerte de la novela? ¿No deberíamos hablar de la extinción de los lectores?

Acabas un libro con la sensación de haber asistido al desarrollo de algo importante, acabas de leer un libro que te ha enriquecido.

Y Molière, en lugar de escribir la burla del multimillonario, escalando en la lista de los más vendidos.

Cuántos proyectos válidos, cuántas ideas brillantes, cuántas voluntades generosas, cuántos talentos en bruto... malogrados por la lucha de unos pocos por el poder.

Ni las academias ni las consignas inspiran: sólo la experiencia, el pensamiento, el estilo, la indagación libre, el propósito de armar una obra para proponérsela al lector.

Dejadnos las palabras que despreciáis... las necesitamos para pensar.

Quien espera el reconocimiento de un idiota se comporta como otro.

El gusto por la claridad y la exactitud anima el núcleo de la buena literatura.

El intelectual que no resulta incómodo, o ve poco, o piensa poco, o se autocensura.

La claque hizo tanto daño al teatro como la publicidad invasiva al cine y la unanimidad acrítica a la literatura. Cada éxito artístico sin debate es otra derrota de la cultura democrática.

Si la cultura se pliega a una autoridad circunstancial o a una jerarquía de intereses, no habrá cultura democrática.

Aviso para el escritor cachorro: antes de comprometerte, asegúrate de que tienen la libertad del intelecto en tan alta estima como tú.

Que la belleza de la arquitectura no está en el exceso lo gritan las torres demasiado altas.

Para no traicionarse a sí mismo, el artista genuino está dispuesto a optar por lo minoritario.

Cuando una tendencia literaria se postula como dogma, se hace odiosa.

¿Español o castellano? Español o castellano.

Lo bello y lo verdadero se hallan más cerca de lo proporcionado que de lo imponente.

Algo hemos hecho mal los escritores, cuando la literatura dominante parece quedarse al margen de los conflictos decisivos de nuestro tiempo.

¿Ventas, reconocimiento, premios? El verdadero éxito literario se basa en el desarrollo de un proyecto veraz, en descubrir y trazar un camino propio, en escribir obras honestas. Sólo eso, pero eso ya es mucho.

Lo que Dadá planteó como crítica, el vano lo transformó en apología y el estúpido lo tomó por tótem que adorar.

¿El mayor vicio de nuestras letras? Más que un vicio, un problema: la organización corporativa de la industria cultural. Mala idea la de hacer pasar por el filtro corporativo la obra que un individuo, el escritor, crea para otro individuo, el lector.

Escribimos porque amamos la literatura. Yo escribo para un solo lector, desde hace años. Es un lector idealizado, una proyección de mí mismo, pero mejor que yo.

Los libros sagrados de la civilización griega no fueron escritos por dioses, sino por hombres.

Dedica cada día quince minutos a pensar con un lapicero en la mano y un papel en blanco.

«¡Éstos no son tiempos para la bohemia!», suspiró el artista publicitario, levitando.

Un solo lector basta para que un libro se desperece.

Las ideas, las tendencias, las actitudes que los grandes medios no publican acaban induciendo la autocensura en quienes desean el reconocimiento,y la interiorización de la marginalidad en quienes renuncian a él. Este mecanismo inhibe el tejido cultural democrático.

Dos pedantes conviven mal por la misma razón que dos gallos se pelean.

Las décadas de nuestra juventud se han caracterizado por la pérdida de sentido y de significación. Palabras que no significan nada, poses, lemas, imágenes que pasan y desaparecen... Si la narración no tiene sentido, ni siquiera es historia. Y cuando la escritura no tiene sentido, se convierte en mera fisiología. Sólo la búsqueda de sentido da ya algún valor a nuestra tarea y a esta lucha.

¿Existen precedentes en la historia de la democracia de un periodo en el que los intelectuales, los filósofos, los escritores librepensadores, hayan sido borrados del debate público?

«Cuando han transcurrido treinta años de la fecha fijada por George Orwell, estamos en condiciones de afirmar, incontrovertiblemente, que sus vaticinios catastrofistas no se han cumplido y que, por el contrario, vivimos en una sociedad libre y feliz».

La novela, narración humanista, subvierte la homogeneidad de la forma y de los hechos, de los individuos y de la sociedad, de la conciencia individual y de la cultura colectiva. Tensa el arco de la inteligencia y siembra pluralismo. Afina la percepción, anima el diálogo y estimula la imaginación. Crea cultura democrática.

La buena literatura se levanta también sobre un suelo de artesanía... pero sólo con la creatividad vuela.

Antes o después tendrás que hacerte una pregunta, y de tu respuesta dependerá tu destino como escritor: si quieres ser un meritorio más, o si vas a luchar por tu libertad y por escribir tu obra.

Mientras algunos se obstinan en destruir, unos pocos nos empeñamos en seguir creando.

Que en tus escritos resuenen tu mundo y tu tiempo.

2. La anomalía democrática

(aforismos sobre política y economía)

Al contemplar la historia, advertimos que las épocas de democracia son como paréntesis entre largos periodos de dictaduras, reinados absolutistas, gobiernos aristocráticos, sociedades estamentales, teocracias sacerdotales... Se diría que la democracia es una anomalía histórica.

La propiedad es un tipo de derecho. Como con otros derechos, se puede hacer un buen uso de él o, por el contrario, incurrir en un abuso.

La participación política es la condición de la representatividad, no su opuesto.

El neoliberalismo es la última ideología reduccionista: una solución simple y falsa para un mundo complejo.

Que la igualdad y la libertad no son principios contrapuestos, sino complementarios, se constata con la revolución feminista, quizá la única exitosa del siglo XX: una mayor igualdad entre los sexos ha ido de la mano de una mayor libertad en las relaciones entre los sexos.

También la democracia puede usarse como ideología en lugar de como el campo de juego de los derechos.

Si sentimos el voto como un deber, es porque intuimos, porque sabemos, que el derecho que no se ejerce se acaba perdiendo.

El corporativismo concibe el mundo como una fábrica, una gigantesca fábrica salpicada de dormitorios, lavabos y supermercados.

¿Nos han hecho tres décadas de neoliberalismo más iguales, más libres? ¿Más prósperos?

Representar una nueva obra con los mismos actores, los mismos decorados, los mismos efectos escénicos, el mismo guion... ¿resultarán de nuevo creíbles?

Sobre la soberbia y el miedo, nos ponemos una máscara. Sentimos que la defensa de nuestra menguante parcela de poder es imprescindible para la solución de los problemas de muchos.

El más democrático método de votación conocido: la votación posicional, que registra la preferencia y también el rechazo.

Una simple reunión de dos o más ciudadanos es ya el ejercicio de una libertad democrática, peligrosa a ojos de los autoritarios.

Dentro de la palabra «capitalismo» metemos realidades demasiada diferentes: desde la pequeña empresa, que es la expresión de un derecho individual, hasta un oligopolio, que es la expresión... de un oligopolio.

Mi propia casa, mi propio cuerpo, mi propia imagen; mis propias palabras, mi propia conciencia... ¿Mi propio latifundio, mi propio banco, mi propio ejército?

Los que estén dispuestos a claudicar, a negociar, a retroceder, estarán preparados para liderarnos en esta lucha interminable.

El silencio prudente, una retirada; el silencio del miedo, una derrota.

El día en que la financiación de los medios se basó en la publicidad, perdimos la primera batalla de la información. La segunda la ganaremos nosotros.

Vieron que las libertades se ejercen y garantizan con leyes; y los derechos, con obligaciones.

¿Una crisis? ¿o una guerra de gestión económica en la que ya ha habido millones de heridos y de bajas?

Si carecemos de la voluntad política de regenerar la democracia, deberíamos tener la honestidad intelectual de ponerle otro nombre a esta porquería.

Hecho histórico: la democracia segrega demagogia, la demagogia no genera democracia.

La precariedad de unos, la cara visible de los privilegios de otros.

El capitalismo no inventó ni la economía ni la democracia.

Cuando entendamos que el capitalismo no es una sociedad con capital, sino el sistema en el que el capital es hegemónico, podremos avanzar hacia una hegemonía democrática de lo social, en la que también se respeten y garanticen derechos básicos del individuo como la propiedad privada y la libertad de emprender.

En torno al modelo del emprendedor, construirían el fortín de un Estado Corporativo, de cuyos restos se alimentarían los asalariados y los empobrecidos emprendedores.

No existe contradicción en defender un derecho y al mismo tiempo criticar su instrumentalización ideológica. El derecho se realiza, la ideología falsea la realidad.

Los tecnócratas corporativos argumentan que sus medidas son inevitables. Abrazan, sin saberlo, una ideología política determinista.

Es más rápido poner de acuerdo a un grupo de personas por el interés o el miedo que por lo verdadero, los valores o los procesos: los sistemas de dominio alternan los dos primeros haciendo creer que se inspiran en los tres últimos; la democracia aplicaría los segundos neutralizando los primeros.

Pares necesarios: republicano a fuerza de demócrata (y demócrata a fuerza de republicano); pragmático a fuerza de idealista (e idealista a fuerza de pragmático).

La igualdad es un principio moderador, equilibrador; la desigualdad es el exceso.

La fuerza del ciudadano reside, más que en la unión, en las instituciones y en las organizaciones.

¿La unión hace la fuerza? La diversidad nos hace más ágiles y fuertes.

La autoridad democrática deriva de lo legítimo y se legaliza con la participación.

A diferencia del crack de 1929, en la crisis financiera de 2008 no se han visto inversores saltando al vacío desde las ventanas de los rascacielos. Son los ahorradores engañados los que se han suicidado con barbitúricos en sus sofás.

No es cierto el lugar común de que «la libertad de uno termina donde empieza la libertad del otro». Nuestras libertades se solapan, juegan y se alimentan mutuamente. Mi libertad empieza donde empieza la tuya, y acabaría si acabara la tuya.

Pesadilla: ahogada por los oligopolios, la democracia está generando ya sus propios césares y brutos; luego vendrán los augustos, calígulas, claudios y nerones.

Después de la poesía de la movilización espectacular, debería sucederse la prosa de la participación rutinaria.

La democracia pluralista es radicalmente moderada, porque tiende a equilibrar el fiel de la balanza.

Método abreviado para privatizar una empresa pública: una tripulación pirata embarca en la nave, que de inmediato se convierte en un barco pirata.

Allá en su ruinoso castillo, el Duce se hacía revoluciones al solitario.

Si pensamos en las presiones sobre los votantes, veremos que el voto secreto es, más que un derecho, un deber de los demócratas.

La sustitución del Estado del Bienestar por la Beneficencia le chirría al sentido común, a la experiencia histórica y a la razón democrática.

La competencia entre señores feudales no hizo más libre ni igualitaria a la sociedad medieval.

—Allí se distingue un brillo de inteligencia —dijo el ministro.
—¡Apagad inmediatamente ese fuego! —ordenó el presidente.

Observó Maquiavelo que el último recurso de los príncipes era oscurecer las luces de dentro promoviendo incendios afuera.

Parece dudoso que la sociedad mejore restringiendo las libertades políticas; sí respetándolas, ejerciéndolas, aprendiendo su uso responsable.

Un nacionalismo busca en el espejo los ojos del nacionalismo enemigo.

Un estado sin derecho laboral ¿es un Estado de Derecho?

Una España federal, en una Europa federal, en un mundo federal.

No echemos a España la culpa de lo que es responsabilidad de unos pocos españoles.

Los medios y los procesos son tan importantes como los fines. Quizá más, porque de algún modo, en forma embrionaria, los contienen.

La educación es la mayor tarea pública. Una ley educativa que no nace de la voluntad de la mayoría de los educadores, ya ha fracasado.

Maltratar a los ciudadanos en nombre de la democracia no es democracia; humillarlos en nombre de la patria, ¿es patriotismo?

Tras los disturbios de una tarde de marzo de 2014: el banco de pruebas de un orden de vocación autoritaria es imponer su capacidad para promover una falsa subversión y utilizarla para sus fines represivos.

La manipulación informativa de la realidad: la densidad y la expansión de los gases... buscaban los científicos explicación al insólito hecho de que en un espacio que duplica aquel en el que un lustro antes se manifestaban un millón de personas, un lustro después se apretujen apenas unas decenas de miles.

Pesadilla, realidad: una extraña democracia en la que los demócratas son empujados a la marginalidad.

Le hicieron creer que en una sociedad sin leyes gozaría de libertades.

Todo proyecto político aspira a alguna forma de armonía; los proyectos democráticos, a una forma de armonía pluralista.

Las estructuras flexibles resisten mejor los movimientos sísmicos y las convulsiones políticas.

También las organizaciones, como el organismo humano, luchan por sobrevivir, conquistar un espacio y crecer.

El sujeto de derechos de la educación pública es el niño.

En los periodos de decadencia de la democracia, las partes se dedican a la mutua destrucción.

Pensemos en qué momento y cómo se asoció abstención con rebeldía, y quizás encontremos una de las claves de la decadencia de la democracia.

El individuo tiene una dimensión privada, otra social y otra institucional. Despojarle de cualquiera de ellas reduce su personalidad, la descompone.

La democracia se legitima con los valores de la igualdad y la libertad; el nacionalismo, con identidades esencialistas.

El estadista autoritario consideraba a sus críticos sus enemigos; el megalómano, a quienes no lo adulaban.

De vez en cuando aparece alguien o tan honesto o tan insensato, o ambas cosas a la vez, como para decir lo que todos saben pero casi nadie tiene interés en reconocer.

Subir impuestos, bajar impuestos. Qué impuestos, a quiénes, con qué finalidad.

Si creemos en la economía social, construyamos economía social.

El modelo corporativo que se pretende imponer en España acabaría extendiéndose como una gangrena al resto de Europa.

Todos sabemos que la doctrina neoliberal no es ni neo ni liberal. En la práctica, es sólo un proyecto estamental y despolitizador que limita las libertades al jardín particular.

La suplantación del humanismo por lo meramente popular llevó en andas a los emperadores romanos.

Mercado de las ideas: la última tendencia en tergiversación consiste en identificar lo impopular con lo democrático, y lo mayoritario con lo populista.

Honesta dama española de derechas: creyó acostarse con un señor liberal, pero se despertó con un ogro autoritario.

Hemos llegado en España al punto en el que hasta reclamar progresividad fiscal se diría subversivo, si no fuera porque figura en la propia Constitución (artículo 31.1).

Después de Montesquieu. Quizá el futuro pase por llevar la división de poderes y los valores y procesos democráticos a las estructuras sociopolíticas y a las productivas: la empresa, el sindicato, el partido...

Cultura en red. ¿El partido monolito será sustituido por el partido malla?

Ya ocurrió antes: comenzaron por expulsar a los jóvenes inquietos, a los trabajadores rebeldes, a los artistas talentosos, a los intelectuales brillantes, a los ciudadanos críticos... ¿Por quién doblan las campanas?

La votación posicional: candidatos y opciones múltiples, procesos de deliberación, voto secreto... la jerarquía humanista del derecho.

Radicalismo democrático y democracia radical.
El radicalismo democrático es la línea de pensamiento que argumenta el pluralismo sobre la

base de los valores de la igualdad y la libertad.

La democracia radical es la organización humana que aspira a la mayor exigencia democrática, combinando el principio de la igualdad social con el ejercicio de las libertades individuales, abriendo y practicando cauces reales de participación política. El radicalismo democrático es una escuela inexistente. La democracia radical es un modelo idealizado.

Recordatorio para meditar: «Todos somos imprescindibles, nadie es insustituible».

Hay que decirlo: no hay democracia sin instituciones, ni instituciones sin funcionarios.

Muchos emprendedores no son empresarios, muchos empresarios no son emprendedores. «Emprendedor» es un adjetivo; «empresario», un sustantivo.

Quitemos un minuto a nuestra crítica del capitalismo y dediquémoslo a investigar y promover sus alternativas.

Cuidado, amigo: la subordinación tiende a reafirmarse en la mera protesta.

El neoliberal en su laberinto: «Tienen que ganar menos y ahorrar y gastar más. ¿Por qué no me cuadran las cuentas?»

La sociedad progresa ganando en complejidad. El capitalismo corporativo tendrá que ser superado por una organización más compleja, que separe inversión, propiedad y gestión.

La movilización es a la participación política lo que el sonido a la música. Toda música suena, algunos sonidos son el fondo vital del paisaje, y unos pocos sólo hacen ruido.

El neoliberal soñó que el fracaso de su hegemonía se aliviaría con su pleno dominio.

En la fachada del Ministerio de la Verdad:
Plutocracia es democracia
Arbitrariedad es libertad
Uniformidad es igualdad

Érase una vez un gobernante que ejercía el poder con moderación, hacía valer su autoridad sin ostentarla, y legitimaba sus decisiones en los derechos subjetivos y en la voluntad de la mayoría.

Que la salud de la economía dependa de las perspectivas de enriquecimiento de los especuladores equivale a que la salud de los vivos dependa de la ganancia de las funerarias.

Igual que se intenta construir un Estado de Derecho, también deberíamos levantar una «economía de derecho», que aspire a organizar los procesos productivos de modo que sean cauce para la realización de nuestros derechos subjetivos.

El neoliberalismo, la economía del miedo.

Cuando la diferenciación en el terreno profesional se proyecta en la cultura, las relaciones sociales y las instituciones, el derecho se convierte en privilegio y sólo por ideología puede seguir hablándose de democracia.

En la participación prevalecen el debate y la decisión; en la movilización se escenifican la emoción y la contestación. Son distintas, pero las dos son necesarias.

El neoliberalismo, profecía autocumplida disfrazada de ideología inevitable.

La aceptación de la realidad democrática, al contrario de lo que sostendría un ideólogo del sistema, no implica conformarse sumisamente con los hechos, sino reconocer su dinamismo y actuar en su permanente transformación.

En la calidad de nuestra democracia interna reside la fuerza flexible de esta organización.

Trabajadores asustados, ciudadanos dóciles, democracia en suspenso.

El aprendiz de Goebbels confundía dialogar con sonsacar, escuchar con ordenar escuchas.

La casa de la participación se construye también con una moral y una ética participativas.

Cuando tachamos la palabra «Estado» y pronunciamos «instituciones», el pensamiento político se afina.

Si en el concepto de izquierda cabe Stalin, junto con George Orwell y Roosevelt, y en el de derecha cabe Hitler, junto con Karl Popper y Churchill, necesitamos un minuto de reflexión.

La izquierda y la derecha son metáforas posicionales. Nos ayudan a ubicarnos en un arco parlamentario plural y se van redefiniendo con el tiempo. Fuera del pluralismo democrático, carecen de sentido: las dictaduras no son ni de izquierdas ni de derechas, sólo son dictaduras.

La economía, como toda técnica, es un juego desarrollado y regulado por los humanos. También la economía puede acomodar las reglas de su juego a la equidad.

La votación posicional, al multiplicar las opciones de voto, matiza y enriquece la democracia.

La apoteosis de la ideología frente al humanismo: la prima de riesgo frente al derecho democrático.

La sociabilidad debería ser el fin y el medio primordiales de la educación. El fin porque nuestra vida es social, y el medio porque nada desarrolla tanto nuestro intelecto como la necesidad de desenvolvernos en unas relaciones sociales complejas.

Sí, la socialización de la banca y de los oligopolios es una aspiración legítima.

Una definición posible de «socialización»: la reorganización de la empresa de acuerdo con los valores democráticos, separando capital, propiedad y gestión, y potenciando los derechos y responsabilidades subjetivos.

Mejor sortéalo: los demócratas griegos ya sabían que hay más justicia en el azar de los objetos que en la arbitrariedad de unos pocos hombres.

Un síntoma precede a todas las crisis financieras y bursátiles: los trabajadores hablando como banqueros.

Acusar de totalitarismo a quienes abogan por la separación de poderes y más democracia interna en las organizaciones... anticipo de la guerra de la confusión que nos espera.

Cuatro preguntas que nunca le hice al estadista: ¿Existen los atajos en democracia? ¿Se crea derecho laboral destruyéndolo? ¿Se ejercen las libertades limitándolas? ¿Se refuerzan las instituciones erosionándolas?

En la sociedad de la información, el dominio de las comunicaciones es una llave del poder.

Si la crítica a la política no plantea una regeneración de la política, se convierte en una crítica a la democracia.

Los miedos financieros nos paralizan a los ciudadanos demócratas como a corzos deslumbrados por los faros de los coches.

Tanto interiorizaron la protesta, que ya no tuvieron ojos para reconocer la alternativa ni autoestima para asumir la responsabilidad de aplicarla.

«Demócratas de todo el cosmos: organizaos», escribió el último demócrata en su botella al mar.

El nuevo despotismo ilustrado: algo para el pueblo, aparentando que con el pueblo.

El consenso y el voto a mano alzada les puso a resguardo de la disensión; también acabarían privándoles de la inquietud, la diversidad y la creatividad.

Mezclando fiesta y política, ni hacemos fiesta ni hacemos política.

Puede suceder que quien detente un poder sin contrapesos concluya que nadie le contesta porque la razón está de su parte. De hecho, de su parte está la razón del poder.

La utopía está demasiado lejos, pero hasta aquel recodo nos quedan menos de cien pasos.

Un hombre antiguo no admitiría la posibilidad de que un trabajador libre fuera más productivo que un esclavo. La época moderna lo ha demostrado. ¿Se demostrará algún día que el trabajo voluntario es aún más productivo que el asalariado?

Los amantes de la mentira y los privilegios no te pondrán alfombras para decir una verdad ni para defender algo justo.

Dentro de cien años, quizá resulte extraño que la opción de los abogados del pluralismo político estuviera excluida de la escena política.

Si pudiera hacernos pagar por el aire que respiramos, el neoliberal lo embotellaría con mil etiquetas distintas y le añadiría fragancias para promover nuestra libertad de elección.

La paradoja del mal político: para conseguir votos, tira la razón a la basura, y luego interpreta los votos obtenidos como prueba de tener la razón.

El ciudadano y sus instituciones: sin unas instituciones básicas compartidas, la democracia tiembla y se resquebraja.

Pero unos pocos se empeñan en convertir la democracia en la peor de las democracias posibles.

Veo la participación, cultural y económica, social y política, también como una forma de creatividad.

Cuidamos de lo que hemos ayudado a crear porque vemos impreso en ello parte de nuestra biografía individual y de nuestra historia colectiva.

Desigualdades crecientes, libertades menguantes.

3. El campo de batalla

(ética y psicología)

El individuo es social; por eso, un individuo que reflexiona profundamente sobre sí mismo, también lo hace sobre la sociedad.

El individuo es la base de la democracia; un individuo entero, no diviso: particular e institucional, biográfico y social, único y político.

Para transformar el mundo, primero transforma tu mente y tus rutinas.

La paciencia anticipa un futuro, actuando en el presente.

Somos esclavos de quienes esperamos algo.

El montañista nunca oyó los elogios de los que venían por detrás ni dirigió elogios a los que iban por delante. Cuando el desnivel es excesivo, el eco transforma el elogio en adulación.

De pronto recordó su culpa por haber ofendido innecesariamente a quien lo estimaba... Era una culpa amarillenta, con las esquinas quemadas.

Desde su torre de piedra, la conciencia sigue las incursiones del pensamiento por tierras del debate.

El pluralismo de la sociedad devuelve el reflejo del pluralismo de nuestra conciencia, alimentada por lo que ponderamos y mejorada por lo que respetamos.

El pluralismo se acota dentro de unos valores comunes. Fuera, sin valores, impera el autoritarismo y la mecanización de las conductas.

Es mucho más doloroso dejar de creer en los demás que dejar de creer en uno mismo. Perder o recuperar la autoestima depende en buena parte de nosotros. La confianza en los otros, una vez traicionada, nunca se recupera por completo.

El músculo relajado es más flexible; la mente serena, más ágil.

Igual que el pianista improvisa sobre la base de una tonalidad bien conocida, ejercemos nuestras libertades políticas sobre la base de unos valores que hemos interiorizado.

No te propongas como modelo, y así evitarás convertirte en estatua.

En un mundo relacional, el principio de la igualdad social delata los mecanismos de dominación y pondera el respeto, la autoestima y la superación individuales.

Para seguir avanzando, amigo, ahora demos un paso a un lado.

Para no viajar con el pensamiento, se tatuó una frontera en la frente.

*

«El día en que nací, mi madre dio a luz gemelos: yo y mi miedo» (Hobbes).

El miedo te paraliza para arrancarte pedazos de autoestima.

El miedo te ciega a la oportunidad.

El miedo amamantó la esperanza.

El miedo te paraliza a ti, pero tu ejercicio físico y mental paraliza al miedo.

Dale un mordisco al miedo: quizá sea el bocado que te hacía falta para ponerte en camino.

Juega con tus miedos antes de abandonarlos con los demás muñecos en el cesto del rincón.

El valor es un paso en el umbral del miedo.

La ilusión rasga la cortina del miedo.

El miedo y la esperanza cedieron el paso al valor y la ilusión.

*

Te estima: aun a riesgo de perderte, ha superado el respeto para decirte que te has equivocado.

Cuánto pesa una historia de opresión en el futuro de los nuevos ciudadanos.

Pegar porque te pegaron puede ser parte de la explicación, pero nunca parte de la justificación.

Aquella deslumbrante utopía del horizonte oscurecía a veces los detalles del camino.

Libertad y responsabilidad son las dos caras de la misma moneda.

¿Cómo podría vivir alguien, incluso el malvado, sin un buen concepto de sí mismo, entienda lo que entienda por «bueno»?

Nuestra mezquindad es generosa en pretextos.

Aunque había estado intelectualmente solo desde la adolescencia, procuró no tomar el resultado de la necesidad por una exigencia moral.

Encontró algo de enojoso y tonto en el desconocido que le daba consejos.

Le costaba confiar en el político que se crecía menospreciando la inteligencia de su auditorio. ¿No es la alabanza excesiva un tipo de menosprecio?

El voto secreto es el escudo político de la libertad de conciencia.

El esfuerzo sólo es la parte subjetiva del ejercicio inteligente y proporcionado. En algunas manos, el esfuerzo podría justificar la explotación, incluso la esclavitud, incluso el totalitarismo.

Las libertades, la llave de la creatividad social.

Malas noticias: la vida es a menudo una lucha. Buenas noticias: la vida es a menudo una lucha.

Quien aprende la frustración de la muerte, tiene una de las llaves de esta vida.

Tu inseguridad imagina amenazas. Tu incompetencia proyecta culpas.

La otra historia de Troya: los guerreros del caballo gigante de madera fueron conquistados por la ciudad.

Aceptó pelear en una batalla perdida, a condición de que no fuera una batalla equivocada.

Un desierto que parece un bosque es un desierto atroz.

El no soportar a los demás revela a menudo nuestra impotencia para interactuar; o con ellos o a pesar de ellos.

La participación política: la rutina del ejercicio, el debate, el aprendizaje constante, la limitación temporal del liderazgo y la rotación de las responsabilidades, el faro del derecho... la riqueza del disenso y la creatividad.

Que tu trabajo sea una ventana abierta al mundo y no un cuarto ciego.

¿En qué te has equivocado? ¿No tienes derecho a equivocarte? ¿Acaso el derecho a equivocarnos no es condición de nuestra voluntad de acertar?

Queda la duda de si pensar bien nos ayuda a vivir mejor o si es el vivir bien lo que nos aclara la mente.

En la ciudad del emperador desnudo, el sentido de la realidad parecía estupidez, y la pretenciosidad, inteligencia.

Nunca compartiría un proyecto político que despreciara a los librepensadores. ¿Qué tipo de demócrata desconfía de un demócrata librepensador?

Una religiosidad liberada de la política, una política liberada de la doctrina religiosa.

El emperador y Beethoven, Beethoven y el emperador, se cruzaban algunos días en un paseo de Berlín, el uno a pie, el otro en un lujoso carruaje. No se saludaban. Alguien preguntó a Beethoven por qué no saludaba al emperador. El músico respondió que con mucho gusto respondería a su saludo, igual que ahora respondía a su indiferencia.

«Paciencia y aplicación», lo más valioso que me enseñó mi maestro.

Quienes medraron humillándose, querrán que medres humillándote.

En un platillo de la balanza, los apoyos y el trabajo; en el otro, los obstáculos y los frutos. Y que tu voluntad no engañe a tus sentidos.

Cuando los tanques de la ideología y la propaganda se ponen en marcha, el caminante se pierde por sendas apartadas.

De pronto, sintió que seguía creyendo en los hombres. ¿Acaso no era él uno más?

El resentimiento lo empujó a criticar los justos derechos de todos por no defender los propios.

¿Qué prefieres, traicionar o que te traicionen? Si escogieras lo primero, no habría consuelo para ti.

Estimulantes de eficacia probada: el sol, el ejercicio, el cultivo de los sentidos, la sexualidad, la lectura de buenos libros.

Se ha devaluado tanto la popularidad, que ni es un mérito el obtenerla ni un incentivo el desearla.

Hay que apartarse de ese rencor que todo lo calcina, empezando por la autoestima.

Los cambios en nuestras identidades colectivas desatan una angustia que oscila entre la reafirmación fanática del nosotros y la negación destructiva del otro.

Sentir es también sentirse, reconocerse en un lugar y un tiempo. Los malos sentimientos, como la indignación, la rabia, la envidia y el temor, son también síntomas de la inquietud: anticipan y demandan un nuevo lugar y un nuevo tiempo.

El autocomplaciente suele valorarse por lo que pretende y no por lo que hace, por lo que intuye y no por lo que dice, por lo que anhela y no por lo que logra.

La voluntad totalitaria ansía la conquista de tu conciencia: mediante la propaganda, forzando tu confesión, confundiéndote para que asumas como culpa propia lo que es una responsabilidad ajena.

Piensa si te sientes mejor proponiendo que criticando, construyendo que derribando.

El individuo que alimenta la virtud pública crece con ella.

«Nunca venceremos»: tal como lo dijo, fue, más que una proclama de resignación, la afirmación de serena autoestima de un luchador.

Para resistir la represión y la humillación que proyectaban sobre su cuerpo y su mente, avivó en su conciencia su propia imagen.

¿Optimismo, escapismo? Pintar la realidad de otro color no mejora la realidad, sólo la ilusión de la transformación es transformadora.

El entusiasmo en la frente, y la serenidad en el paso.

Digamos que con la edad el que no se hace humilde, al menos se hace prudente.

Un holograma, un maniquí, un producto mediático: sólo ellos no han conocido un momento de rabia ni de ofuscación, ni se han extraviado.

El resentimiento lo empujó a confundir víctimas con verdugos, a criticar los justos derechos de todos por no defender los propios, a bendecir la dominación por no rebelarse contra ella.

Las alambradas comienzan a caer cuando sabemos qué construir al otro lado.

También yo he cubierto un millón de veces el trayecto entre la soledad y la sociedad, y siempre he partido con algo valioso y precario en el puño.

Un títere hueco: lo mismo serviría como pisapapeles en una estructura corporativa que como martillo pilón en un estado totalitario.

Si tu autoestima dependiera de la estima de otros, no sería autoestima.

El totalitario vocacional hurga en la conciencia del pensador... menos para saber que por el placer de destruir lo complejo y frágil.

Lo empujaron y lo empujaron hacia la marginalidad hasta acabar por demostrar su talante marginal...

Preferirás un buen adversario a un falso amigo.

Las ideas decisivas se te presentan casi al final de un periodo de reposo y suelen señalar un camino nuevo.

La soberbia es una torre sin cimientos, pero muy alta.

La esperanza fue ayer; hoy es la constancia y la paciencia.

Los conformistas de la política llaman «realismo» al presentismo.

Al desregular las relaciones laborales, se abona el terreno de la arbitrariedad y del abuso. No nos extrañemos si algunos centros de trabajo se convierten en campos de exterminio psicológico.

Abandona el pantano, límpiate el lodo del resentimiento y sigue tu camino.

Detrás de la búsqueda de la perfección, hay una lucha por superar la inseguridad. Soy perfeccionista porque soy inseguro.

El individuo fuerte cree estar preparado para lo peor, pero sólo lo que prevé como lo peor, que nunca es lo peor posible.

Sueño de una batalla perdida: ya fuimos vencidos y caímos en combate, pero creemos que aún luchamos.

El pensamiento genuino nos inquieta primero y nos da herramientas después. Las ideas nana acunan nuestros prejuicios y, una vez dormidos, nos desarman.

La intolerancia contra el arte y la filosofía: la hez de la civilización.

La incompetencia se sube al pedestal del autoritarismo.

El carácter se expone en la sociedad, pero en la soledad se mide.

El camino más corto entre dos puntos sociales no es la línea recta, sino el resultado de una ecuación de muchas variables: el conocimiento, las propias fuerzas, los apoyos a conseguir, las dificultades a vencer...

No criticando lo que deseaba, se ahorró el bochorno al aceptarlo.

El conocimiento es un mapa de la realidad cuya validez reside en su capacidad para aprender de lo pasado, ubicarnos en el presente y orientarnos hacia el futuro.

El consumo incontinente de imágenes inhibe la generación de tu propia imagen y el reforzamiento de tu autoestima.

El cuento del pastor-lobo: cuando el pastor observó que el miedo al lobo hacía más sumiso al rebaño, propagó falsas alarmas para someterlo; cuando el lobo constató que el pastor comía a diario caldereta, decidió tronchar una rama y hacerse un cayado.

Esa tendencia tan humana a sentir que nuestro éxito social es ajeno a los condicionantes sociales.

Unas murallas tan altas que nos permitan defender nuestra conciencia, pero no tanto que la impidan saltarlas.

El clasismo anhela quitarse la máscara del rostro: por algo el escenario es suyo.

El dedo índice se levanta para presentarse voluntario y se agacha para señalar a otro.

Admitamos la angustia de que nada sabemos bien, tampoco quiénes somos.

El autoritario siempre va a intentar que su interés parezca razonable, y las razones de la contestación y la alternativa, locura.

El buen capitalista creía de buena fe que debía su dinero a su sabiduría, su trabajo y su honradez.

Mientras que la aspiración se debe a la autoestima, lo pretencioso tiene algo de atrofia de la instrospección.

Por temor de la bestia, la alimentaron y la alimentaron, y tanto creció, que al fin todos cupieron en un solo bocado.

La vanidad, como la picadura de un insecto, se irrita cuanto más se rasca.

Preferirás no buscar los focos ni acercarte demasiado a ellos.

Pretendiendo demostrar su autoridad, exhibieron su levedad.

El censor realizaba su tarea confundiendo suspicacia con inteligencia y desconfianza con prudencia.

Antes de proceder con su trabajo, el torturador ya se ha vuelto ciego a los atributos humanos de su víctima. La crueldad se crece en nombre de una moral absolutista y excluyente, que se envanece con la amoralidad que presupone en los otros.

Inteligencia rebelde: una parte de frustración y paciencia, otra parte de creatividad y constancia.

La envidia tiene un armario lleno de disfraces.

Las lágrimas sinceras vertidas ante el espejo le consolaron no porque lavaran su culpa, sino porque la irritaron, demostrándole que sus sentimientos eran mejores que sus actos.

Una democracia pluralista, a hombros de un individuo pluralista.

De todas las bajas conductas, quizá la más baja sea la crueldad.

«La felicidad básica depende sobre todo de lo que podríamos llamar un interés amistoso por las personas y las cosas» (Bertrand Russell).

La igualdad y la cooperación son más hermosas que el dominio y la obediencia.

La conducta moral es un hilo con dos cabos, de modo que cuando negamos la moral del otro, del adversario, del distinto, el hilo cuelga absurdamente.

Si las opciones no son divergentes y factibles, la elección es aparente.

El funambulista, condenado a guardar el equilibrio todas las horas del día, todos los días del año, todos los años de su vida... decidió bajarse del alambre.

El resentido presiente en tu dignidad la causa de tu futura caída.

Hay consejos que se dan desde un pedestal, para autoafirmarse, y consejos que son como abrazos, una muestra de afecto. Los segundos no tienen por qué ser mejores que los primeros.

Quien se define por lo que critica se limita.

La ilusión incita los pasos que las fuerzas sostienen y la inteligencia encamina.

Había descansado en exceso: todo le aburría.

La depresión se combate con ejercicio, si nos queda un fondo de ánimo para el primer paso.

La ilusión, esa puerta que imaginamos abierta antes de decidirnos a abrirla.

La confianza puede merecer el riesgo de equivocarse muchas veces para acertar una solo.

La experiencia de la vida no nos hace necesariamente más fuertes; quizá sí más sufridos.

Es difícil distinguir entre inteligentes y estúpidos, porque los estúpidos no sabemos que lo somos.

La sexualidad bien hecha, sana, consentida, mutuamente gratificante, es una elevada forma de moral.

Avivar la memoria histórica es también un aviso para los que pretendan arrasar el presente con desprecio de la memoria futura.

La amistad de los niños se basa en el juego, la de los jóvenes en la complicidad, la de los adultos en los intereses compartidos, y la de los ancianos en el respeto.

Cuando cada individuo acoja un modelo de pluralismo en su conciencia, entraremos en la vía de una sociedad democrática pluralista.

Ahora se vende el culto a la euforia, la excepción postulada como norma a seguir, otro modelo basado en un concepto fraudulento de nuestra mente.

Un templo abierto en el que lavarnos, meditar y perdonarnos.

Los enormes desastres lejanos nos inspiran sentimientos tan superficiales como la pantalla del televisor, tan breves como el noticiario y tan aleatorios como la tecla con la que cambiamos de canal.

La libertad nació en Grecia como una voluntad individual de plasmarse en lo social y en lo político. No habría libertad sin libertades, no habría libertad sin el ejercicio de las libertades.

Sin crítica de la cultura dominante, la ideología impera, pero nuestra cultura pluralista estimula su propia crítica en todas las direcciones y sentidos.

El idealista corre a veces el riesgo de olvidarse de las personas, incluso de sí mismo.

El poder suele dar carisma, pero el verdadero carisma se revela en la adversidad.

Con la llave de la falsa humildad derribó uno, algo hipócrita, las puertas de otro, algo ingenuo.

Ley de la confianza capitalista: la sensación de seguridad aportada por la posesión de capital es proporcional a la expectativa que empuja al alza a los valores del mercado.

Cuánto legítimo orgullo en lo conscientemente humilde.

Acertó al pensar que podía acomodar su voluntad a la razón, pero se equivocó al pensar que la voluntad humana puede racionalizar el mundo.

La amistad se hace vulnerable al estrecharse.

Aunque no eres ingenuo, y precisamente por eso, a veces tendrás que hacerte el tonto.

Noticia de un suceso: «Lo arrojan al suelo, le dan una paliza y luego abandonan un libro de autoayuda sobre sus costillas rotas».

Sostenía, escéptico y lúcido, que una sonrisa abre más puertas que una patada, y las razones más mentes que la propaganda.

Quien se define por lo que niega, nunca se afirma.

Un modelo difícil: el equilibro dinámico de una inteligencia radical, inspirada por sentidos despiertos y acompasada por sentimientos proporcionados.

La constancia del riego diario y la disciplina de la paciencia para asistir al crecimiento de un árbol y al despliegue de una idea.

Entre una nube de voluntades, se avanza evitando la línea recta.

Primero la mente, luego el músculo. Los dos juntos.

La naturaleza es tan compasiva que nos suministra dopamina al morir.

En este infierno crecen flores. En aquel edén acecha el miedo.

El individuo mutilado teme su expulsión de un grupo que, sea económico o político, le ciega cauces de desarrollo y participación al tiempo que le exige conformidad.

¿Marginalidad? Los movimientos renovadores nacen una y otra vez en los márgenes.

Una organización inteligente, en la que la traición resulte improbable e inocua, y la disensión, beneficiosa.

La confianza mejora a quien la deposita, y obliga a quien la ha merecido.

La creatividad se siente atraída por el vacío; y al rechazarlo, crece a su lado, ganándole terreno.

Quién no ha entrecerrado los ojos alguna vez para verse mejor.

Lynch se siente a gusto en internet, amparado por la distancia, el anonimato y la irresponsabilidad.

Antes de formarte una adecuada opinión de ti mismo, pálpate las cicatrices.

El buen caricaturista es un amigo que se sienta frente a nosotros para retratarnos.

El que se compromete delega su responsabilidad; el que participa debe asumirla.

Sentir deseos de gritar, gritar de hecho y luego arrepentirse de haber gritado. Sentir deseos de insultar, insultar de hecho y luego arrepentirse de haber insultado. O sentir deseos de amar, amar de hecho y luego arrepentirse de haber amado. La coherencia es tan enemiga de la vida humana como el estereotipo lo es de la verdad.

Para que la emoción no lo dominara, aprendió a cabalgarla.

El vellocino de oro inspiró una ruta, la nave *Argos* la cubrió... pero sólo ellos, los argonautas, hicieron memorable la expedición.

Cuántos egos destruidos para siempre por las falsas expectativas despertadas en una sola tarde de adulación.

Cuando has tomado la decisión de dirigirte a un sitio, ya puedes centrarte en el por dónde, el cuándo y el cómo. ¿O fueron primero el por dónde, el cuándo y el cómo, y sólo después creíste decidir el destino?

Tumbado en la tierra, sintió que echaba raíces y que le brotaban hierbas en las palmas de las manos.

La incertidumbre mina la personalidad y la enferma. La certeza proporcionada por el hábito es condición de la libertad, como de la improvisación del pianista virtuoso que ensaya escalas cuatro horas cada día.

El sino de los que pretendan convertirse en líderes es seguir los pasos de los liderados.

Aprendió a preocuparse casi tanto de las amistades peligrosas como de las enemistades evidentes.

Una organización política participativa: un puente de acero para los que llegan, y un puente de plata para los que nos marchamos.

El viejo amigo es un espejo de verdades.

Imaginó una flor abierta cuyo tallo, larguísimo, era atraído por un agujero negro. Pero la flor seguía creciendo y abriéndose más y más.

La que duerme plácidamente a tu lado te quiere y sabe que la quieres.

Cuando las fuerzas son escasas, un pie de orgullo y otro de ilusión te mantienen en pie.

Algunos humillados buscan consuelo en la humillación de otros.

Ciudadano SÍ: Estoy a favor de todo, también de aquello que va en contra de mis principios, que no tengo.

Ciudadano NO: Estoy en contra de todo, incluso de aquello favorable a mis principios, en los que no creo.

Las sociedades que confunden seguridad con vigilancia son sometidas por los inventores de amenazas.

Al asumir que convivía con la enfermedad, ajena y propia, reconoció la naturaleza de la existencia y reafirmó la voluntad de vivir: la compasión, la ternura, la estima mutua, la serenidad, la conciencia, la lucha, la superación.

Conocimiento de la sociedad para que la injusticia no te parezca un accidente, sensibilidad para que no te deje indiferente, y carácter para que no te hunda en la tristeza.

Si compartes con ellos los adversarios, pero no los fines, los medios ni los principios, ¿qué compartes?

Pertenecía a ese tipo de personas que se sienten mejor cuando los demás se sienten peor.

La historia por venir la escribimos o con nuestra voluntad o con nuestra resignación, pero siempre la escribimos nosotros.

Considerando con desdén el fracaso de los que acometieron una proeza que excedió sus fuerzas, adormeció su voluntad para no hacer nada que rebasase el cerco cada vez más estrecho de lo habitual.

Hasta ahora, la tentación del vacío siempre ha acabado por autoafirmarte.

Orwell: el espionaje que desperdiga huellas o te calienta el oído con su aliento no pretende tanto la información como desestabilizarte.

Al corazón fuerte, ni la distancia lo detiene, ni el desprecio lo fatiga.

La persona honesta e inteligente inspira respeto; la honesta y tonta, condescendencia; y la honesta y prepotente, enojo.

La honestidad y la sinceridad sin freno le llevaron a perder todo lo que había merecido con el talento y la aplicación.

Las emociones y sus colores se manipulan mejor que la inteligencia y sus argumentos.

Antes de atravesar por tercera vez el desierto ardiente, comprobó que en el fondo de su conciencia aún quedaba una gota de optimismo.

El tirano, no creyendo en los demás, consigue que muchos confíen en él y que el resto lo finja.

La conciencia individual, compleja, no-divisa, es la base de la nueva modernidad.

Cuando se desveló la farsa del hilo invisible, el emperador desnudo se apresuró a encargar un traje nuevo con los colores de su pendón.

Tú, que meditas bien las palabras, sabes que no me contradigo cuando afirmo que se pueden albergar sentimientos religiosos y ser ateo al mismo tiempo.

Sintió la necesidad de estar solo, otra vez solo, para mascar una palabra y una idea, para acariciar una sensación y un sentimiento... Luego regresó, renovado.

Cultura del ejercicio: a la emoción, el juego; al sentimiento, el arte; al cuerpo, la gimnasia; al intelecto, el estudio; al pensamiento, el diálogo; a las instituciones, la participación.

No creer en uno mismo inhibe nuestra capacidad de actuar. No creer en los demás despoja de sentido a nuestros actos. Así que la primera prueba de la voluntad, tanto individual como social, es reafirmar la confianza.

A la mente despierta también la nutren las tonterías.

Lo que criticamos nos define y reduce, lo que construimos nos proyecta y aumenta.

La vanidad mendiga el aplauso con aires de despreciarlo.

Sintió que el aprendizaje le había fortalecido cuando pudo llevar a hombros sus errores del pasado.

Amamos tanto el paisaje en el que hemos luchado por ser felices...

Si tú te pones el listón demasiado alto, nadie lo va a bajar por ti. Algunos sólo mirarán cómo lo derribas una y otra vez.

Si no cediste por la presión, tampoco cedas por la adulación.

Nada hay tan hermoso como la causa de esta alegría serena.

Quien mira por encima del hombro no ve bien.

La intransigencia del joven lo hacía desdichado; un viejo intransigente es una desdicha irredenta.

Quien luce la honestidad como una insignia en el pecho acaba desfilando solo.

Las ruinas de los puentes derribados siguen celebrando la memoria del arquitecto y los obreros.

*

Si pretendes despertar a los dormidos, acepta convertirte en el primer objeto de su irritación.

No podrás despertar al dormido si cree que eres tú el dormido.

Es imposible despertar al dormido si cree que ya está despierto.

*

Esta esperanza me recuerda a la antesala de un hospital.

Si has llorado en la paz, has conocido la paz; si has llorado en la plenitud, has conocido la plenitud.

Al emprender una nueva ruta, pon en alerta tus sentidos, asegúrate de la orientación y acumula pruebas que después te permitan demostrar la verdad de tu aventura, porque estarás aún más solo a tu regreso que al partir.

La mayor de las vanidades es el mayor de los problemas políticos y sociales: con qué facilidad los seres humanos tomamos nuestro poder por una manifestación o del destino o de una verdad incontestable.

Sobrelleva tu lucidez con la muleta de tu entereza.

La persona solitaria tiene un mundo en la cabeza.

Sólo unos pocos consiguen mantener la fe en sí mismos cuando todos les dan la espalda.

La libertad baila mejor en la tierra firme de la rutina y con pasos mil veces ejercitados.

La mayor fuerza del orden moral no es ni la autoridad, ni la voluntad, ni el imperativo categórico... sólo la sencilla costumbre individual y colectiva. Convirtamos el pluralismo en una costumbre.

A un niño le duele menos la bofetada de un desconocido que la de su padre.

El perverso toma por inteligencia su falta de ética.

Al principio, le sorprendió que los que parecían tristes en la abundancia, ahora parecieran dichosos en su lucha frente a la adversidad.

Tener miedo de uno mismo debería ser requisito para merecer la confianza de los demás.

Para ver lo muy pequeño y lo muy distante, hemos inventado el microscopio y el telescopio. Para no ver a conveniencia, nos basta con la autocomplacencia, o con la conformidad, o con el prejuicio, o con el miedo, o con la sumisión.

Tendemos a pagar la frustración de nuestro valor con quienes son más valientes que nosotros; la de la generosidad, con los generosos; la del talento, con los virtuosos.

Entre la estrecha libertad creativa de una existencia humilde y la servidumbre de la popularidad, ¿por qué optarías?

De la muerte nos asusta no haber apurado la vida.

Seguía la norma de no hacer la necrológica de aquellos que en vida no tuvieron noticia de su desprecio.

Nadie conquistó nunca por la fuerza lo que sólo se comparte: el diálogo, el afecto, el juego...

El perezoso y el conformista se emborrachan con el fracaso del héroe.

Nada sé si no empiezo por saber respirar, alimentarme y moverme.

La autoestima hace la mitad de la belleza de un rostro, y la mitad de una inteligencia.

Abandonó la silla de la esperanza y se calzó las botas de la ilusión.

Érase una vez un rey enano que ordenó cortar las piernas de sus cortesanos.

El orgullo promueve pensamientos que la vanidad evapora.

Se consoló creyendo que quien tiene cien amigos tampoco tiene ninguno.

Se liberó de la tramposa ansiedad de la esperanza y gozó del sencillo ejercicio diario.

Soñó que llegaría el tiempo de competir por hacerlo mejor y no por imponerse al otro.

En la disyuntiva de o crear o destruir, optó casi siempre por crear.

El centro somos nosotros.

Quien se cierra a aprender de los demás, se baña a diario en su vanidad.

Quienes no creen en los demás, hacen cuanto está en su mano por hacer ver a los creyentes su error.

El ciclo patológico: gobiernos, partidos políticos, organizaciones sociales y empresas se consumen en las luchas internas por alcanzar el poder y por conservarlo. El ciclo sensato: aprendizaje, asunción progresiva de responsabilidades, enseñanza y transmisión progresiva de responsabilidades.

Pocas ideas se han subvertido tanto como la noción de individuo: nosotros somos el campo de batalla.

Las batallas más feroces se entablan dentro de uno mismo.

4. La boca de la verdad

(aforismos sobre lenguaje y ciencia)

El lenguaje es una espada con destellos de la verdad.

Un aforismo pretende ser un acercamiento a una verdad (siempre discutible), con una estética (siempre mejorable) y basado en experiencias (siempre revisables).

No dice mucho a favor del género humano que la censura, la exclusión y el acoso se hayan cebado, a lo largo de la historia, en quienes o estaban más cerca de la verdad, o tenían más talento, o más destreza, o más estilo, o más valor, o más dedicación.

Que el sentimiento acompaña a la inteligencia se constata por el hecho de que el valor y la prudencia forcejean para exponer un pensamiento.

93

La realidad es compleja y relacional. Para entenderla y actuar en ella, precisamos un pensamiento complejo y relacional.

¿Qué pensaría Heráclito de este «dialéctico» que acaba de vetarte un debate y ni siquiera argumenta su atropello de tu libertad, que debería ser también la suya?

Hay cosas tan evidentes que parece innecesario decirlas y, sin embargo, también lo evidente hay que repetirlo.

Los tribunales de la justicia democrática, con sus presunciones, acusaciones y alegatos, sus declaraciones, testimonios y pruebas periciales, agravantes y atenuantes, su jurado y su público, son una expresión institucional de la cultura humanista.

Que el conocimiento profundo de las cosas nos aboque a la desilusión es una creencia producto de la arrogancia de que realmente podemos profundizar tanto en las cosas.

¿Y por qué presumimos un pensamiento vacío de sentimientos?

Por más que las ciencias y el pensamiento progresan, siempre la ideología y el embrutecimiento amenazan con adelantarlos.

A veces, basta con que cambiemos de posición para que las cosas nos parezcan diferentes: nuestra relación con ellas es, de hecho, diferente.

La mejor crítica es una alternativa necesaria.

En la época de la infamia, los que sostenían que dos y dos son cinco acusaban de mentirosos a quienes constataban que dos y dos siguen siendo cuatro.

Para construir hace falta un pensamiento constructivo y un lenguaje constructivo, menos anti, más pro.

Primero se reservaron esta verdad por prudencia, luego la ocultaron por miedo: acabaron olvidándola, por idiotez.

No está demostrado que toda la realidad sea lógica, pero cuando cotejamos una proposición lógica con la realidad y comprobamos que coincide, queda demostrado que esa realidad circunstancial se comporta de un modo lógico.

Pensamiento único, sexualidad onanista.

La interiorización del pluralismo por el individuo es condición necesaria del genuino debate democrático.

El lenguaje está en el centro de una sociedad democrática, porque con el lenguaje pensamos, ideamos y actuamos.

En una realidad relacional, la independencia es un absurdo; la autonomía, una posibilidad probable.

En labios cerrados se posan las moscas.

Entre lo verdadero y la verdad, escojo lo verdadero; entre lo bello y la belleza, lo bello; entre lo justo y la justicia, lo justo.

Los corruptores del lenguaje sueñan con un mundo yermo, privado del ánimo del pensamiento.

No habrá democracia sin pensamiento democrático, y no habrá pensamiento democrático sin una revolución del lenguaje político.

Ubicuidad, omniscencia y autoridad: tres dones de la tecnología informática cuando uno, en lugar de usarla, se abandona a ella.

No hay mente que pueda soportar toda la verdad, ni razón si no se aspira a ella.

La lengua, como la comunidad humana que la usa, es una realidad cambiante, cuya vitalidad depende de su crisis permanente.

Admitamos la angustia de que nada sabemos bien, tampoco quiénes somos.

No he conocido a nadie que diga siempre lo que piensa, aunque he conocido a algunos que dicen casi todo lo que les pasa por la cabeza.

«Si quieres que dejen de pensar, pulveriza, revuelve y bate su lenguaje hasta que ninguna idea brille en él» (el antidemócrata).

Unas religiones han atribuido al mismo dios palabras y relatos dispares; y casi todas, mandamientos similares a dioses distintos y enemistados.

A casi nadie, casi nunca, se le ha dado un premio por decir lo que piensa. El verdadero premio del pensamiento es el debate mismo; quizás una revelación.

Quizá dé igual que entiendas la mecánica, si no dispones de la palanca. Pero lo inverso también es cierto.

Para criminalizar, por ejemplo, a los panaderos, un método eficaz sería llamar «panaderos» a los terroristas. Así que para sabotear una tentativa de regeneración radical de la democracia, alguien decidió llamar «radicales» a los integristas religiosos, a los ultranacionalistas y, en general, a cualquiera cuyo ideario superponga las emociones y los sentimientos a las razones democráticas.

No te pelees con la maledicencia; resulta más incisiva que las buenas razones.

Nunca pidas disculpas ni por pensar ni por decir lo que piensas, salvo para salvar la vida (con los dedos cruzados a la espalda, como el astrónomo).

Las ideas se juegan el todo o nada sometiéndose al veredicto de los hechos.

El librepensador es la avanzadilla de un ejército compuesto por un solo soldado.

Protege y aviva el ascua del pensamiento; una vez apagada, quizás no vuelva a prender.

Leer la realidad es relacionarla.

En la sociedad de la información, la inteligencia es el talento de relacionar las cosas, apagando el ruido y ponderando lo relevante para un orden propio.

De todos los recortes de esta crisis, el más oscuro es el del diálogo.

Declaración imposible: «Al desposeerme de mis derechos, me explotaron. Al hacerme depender de la caridad, me robaron la autoestima. Al ensuciar el lenguaje, anularon mi inteligencia».

Le dijo lo que necesitaba oír, pero no lo entendió porque difería de lo que deseaba escuchar.

Un discurso transversal fuerza a otro discurso a ser más exigente: el buen tribuno mostró su agradecimiento al pensador afuerino.

La decisión política puede esperar, pero tanto el pensamiento como su expresión son actuales y deben renovarse cada día, cada hora.

Nombrar y clasificar son a veces tentativas de dominio y control. Cómo no. Carecer de palabras conduce siempre a la ignorancia y la sumisión.

Bautizamos las operaciones militares para intentar conjurar la naturaleza caótica e imprevisible de la guerra, como si nosotros la hubiéramos parido, y no fuera ella la que nos va a matar.

La metáfora parece un pensamiento, pero sólo a veces lo es.

Qué disparate proponer que un librepensador encabece nada...

La medida de una idea son sus obras en el tiempo.

Quien mueve los dedos mueve el cerebro.

Los hombres queremos creernos nuestras mentiras: las que nos decimos unos a otros, pero aún más las que nos susurramos a nosotros mismos.

Lo verdadero es más tangible y valioso que la verdad.

La metafísica, señora pretenciosa y petulante, empezando por su nombre.

Cuando usamos mal las palabras, pensamos mal.

Pensar es pesar. Así que para pensar el mundo nos proyectamos fuera de él. Como gigantes capaces de sostener el mundo en una mano, reconociéndonos enanos asombrados.

Qué difícil debe de ser pensar de pie en una tribuna, con tantos ojos y cámaras juzgando tu indumentaria y tus gestos.

Las armas del pensamiento que se baten en público, antes se han templado en soledad, en silencio.

La vocación absolutista llama «contradicción» a la expresión de lo circunstancial y del pluralismo.

Las técnicas básicas de quien no quiere debatir contigo, sino instrumentalizar la democracia, es tergiversar tus argumentos, personalizar su crítica y repetir mil veces la mentira.

No solemos entender de inmediato lo que no hemos pensado ya por nosotros mismos. Pero cuando otro nombra con las palabras precisas nuestras intuiciones, los pensamientos se dibujan.

En tiempos de represión, el primer verdugo es el miedo, y la primera víctima, el pensamiento.

Es más fácil inculcar prejuicios que transmitir conocimiento.

No dejemos de pensar porque algunos autoritarios, bastón en mano, hayan trazado una raya en la arena.

La historia de la filosofía debe recuperar el testigo perdido de Protágoras y el resto de los pensadores del ágora.

Confundía el brillo de la erudición con la claridad de la inteligencia.

Cuando los mitos se leen como mitos, dejan de funcionar como mitos.

El pensador explorador estaba cansado de tener que reabrir a machetazos cada primavera la misma trocha entre la maleza.

La libertad y la igualdad son los dos cabos de la misma cuerda invisible y ligera.

En España hay unos opinadores más influyentes que los periodistas: se trata de los taxistas y las moscas de bar.

La valoración no es un hecho de la ideología, sino de la axiología.

Alejarte de un objeto amplia tu perspectiva, pero no la multiplica.

Si la especie humana amara la verdad, los filósofos serían o millonarios o presidentes.

¿Filósofo basileus? ¿Gobierno de sabios? Inteligencia y bondad, sabiduría y desinterés, no conviven necesariamente en la misma cabeza.

Un gobierno de sabios es de quien decide quiénes son los sabios, luego también es posible un gobierno democrático de sabios, a condición de que la cultura colectiva de los electores sea al menos tan sabia como los elegidos...

¿Tecnocracia? ¿Quién decide los fines de la técnica?

La inteligencia, por estar ligada a la conciencia, es individual, mientras que la cultura, por manifestarse socialmente, es colectiva. En la inteligencia vale más la parte, mientras que en la cultura prevalece el conjunto.

El escepticismo absoluto es menos que falso, erróneo o peligroso: se queda en vacuo, porque no existe. Es psicológicamente imposible.

Algunos se valen de los ideales para excusar su maltrato de lo que hay de bueno y hermoso en la realidad.

La ideología es el discurso sobre ciertas ideas (absolutas, alejadas de la realidad, inmóviles), mientras que la axiología es el discurso sobre unos valores (relacionales, pragmáticos, dinámicos). Esas ideas son eternas en la mente de humanos que se creen dioses. Estos sencillos valores son nuestros, pobres seres mortales.

Una mente infinita no necesitaría categorizar la realidad. Sería la realidad misma.

Quienes creen estar en posesión de la verdad ignoran que la razón se comparte: es dialéctica, es pensamiento y es diálogo.

Aprendamos de la historia que el libre pensar sólo es síntoma de democracia si los dialécticos debaten en el ágora y son escuchados por el resto de los ciudadanos.

Aquí y ahora, la mayor ventaja y el mayor inconveniente de ser un pensador libre son lo mismo: que tu opinión no despierta el interés de casi nadie.

Modos de votar, modos de pensar.

Perdamos la vergüenza de recordar verdades simples, como que dos y dos son cuatro; es muy intenso el bombardeo diario de mentiras groseras, como que dos y dos suman cinco.

Carta al general: huye del elogio desmesurado aún más que de la crítica ladina.

Ignoramos si se arrogaba la posesión de la verdad para no exponerse en el debate, o si no debatía para seguir creyéndose en posesión de la verdad.

En una sociedad de grandes estructuras mediáticas, ninguna idea renovadora hace camino sin pasar antes o después por ellas.

El lenguaje renovado siempre se adelanta a la renovación de la civilización, pero no todo lenguaje nuevo conoce esa felicidad histórica.

Siempre habrá uno aún más tonto que nosotros decidido a impartirnos clases porque cree que sabe más.

Sobre oes y aes: las vocales no tienen sexo.

Las herramientas de la economía son científicas; sus fines no; de ahí que al cambiar sus fines, con ellos cambien las reglas del juego que establece.

Era un buen profesor, que enseñaba sin aleccionar.

Para qué hablar si, aún peor que no querer escuchar, de ningún modo están dispuestos a entender lo que oigamos... Sí, hagámoslo por nosotros.

El que sabe cree en lo que puede ser creído, pero el que sólo cree no sabe ni quiere saber.

La guerra lingüística. Las mismas palabras, pero con ritmos desacompasados, sobre distintos principios, con fines divergentes, en sistemas de significado incompatibles.

Si no aprendemos nada de aquel al que llamamos «tonto», quizá seamos nosotros más tontos que él.

Es imposible dialogar con un saco de prejuicios, tanto si te lo encuentras enfrente como si lo llevas a la espalda.

Quien siembra prejuicios no recoge entendimiento.

El analfabeto del futuro será el incapaz de relacionar los fragmentos de información para armar un orden subjetivo propio y legítimo.

A veces elevamos la voz al argumentar nuestra postura para no tomarnos la molestia de argumentar mejor.

Los argumentos renovadores no se imponen como losas, sino que suelen germinar como semillas.

Parece ser que no basta que te unan cosas muy importantes, si lo que te separan son los prejuicios.

¿Una cultura sin librepensadores? Casi todos podemos llegar a las mismas metas, pero siempre hay unos pocos que las anticipan, sea por oportunidad, por talento o por valentía. Por todas estas cosas juntas.

Al apagar la pantalla, primero un recuerdo, luego una idea, después un propósito, se desperezaron, reclamaron su atención y centraron su pensamiento.

Para aprender no hay más camino que el estudio, con sus cuestas, sus fuentes y sus posadas. Y sus compañeros.

Sí o no, blanco o negro, izquierda y derecha. Nuestro pensamiento tiende a la polarización. Es un recurso cómodo, engañoso y coactivo. Cómodo porque nos permite categorizar la realidad con poco esfuerzo mental. Engañoso porque nos oculta información relevante. Y coactivo porque nos empuja en una sola dirección, la que une los dos polos opuestos.

El hombre es la medida de la visión humana de las cosas. Saberlo nos humaniza. Sólo este reconocimiento nos hace responsables ante nosotros mismos y ante los demás. Ni dioses ni ideologías. En el momento decisivo, estamos, estaremos solos.

A la búsqueda de la verdad le molestan las ocurrencias.

En el ágora de Atenas, los intelectuales y librepensadores debatían sin pedestales ni megáfonos.

Cuidado, pensador, con las metáforas.

El doble pensamiento de los gobernantes, replicado por sus oponentes, interiorizado por los contestatarios... se disuelve cuando se cambia la crítica por la alternativa.

Cuando te exiges la actitud de ponerte en el lugar del rival y no del partidario, argumentas mejor y pontificas menos.

Serías un escritor idiota si pretendieras instituirte en un oráculo, porque por la boca de los oráculos se expresan los dioses.

El librepensador, delfín en aguas infestadas de tiburones.

Filósofos dialécticos como Heráclito o Protágoras fueron los protagonistas del debate cultural democrático griego.

Si es cierto y es hermoso, ¿es bueno?

El intelectual cibernauta vagará como un profeta sordo por un desierto plagado de profetas sordos.

Las casas más hermosas no se comienzan ni por el tejado ni por los cimientos, sino por la experiencia y por la imaginación.

A veces, amigo, hay que descender de las razones de los científicos y las ecuaciones de los tecnócratas para atender a los motivos de las personas.

Unos criminalizan las palabras para excluir, otros las acomodan para complacer. Entre criminalización y complacencia, el lenguaje y el pensamiento enferman, la democracia agoniza.

Cien flechas se han ahogado ya en el estanque del escepticismo posmoderno. El agua enfría su movimiento, mientras que la refracción de la luz parece partirlas en dos antes de que se posen en el fondo. Superaremos el posmodernismo sólo por la superficie, veloces y ligeros, leyendo desde arriba en las ondas sus críticas de la modernidad absolutista, para adentrarnos más allá en un humanismo pluralista.

O cómo superar la desencantada, conformista burla posmoderna, sin regresar a la ingenua, indecente e hipócrita modernidad.

El diálogo sigue siendo la mejor gimnasia del intelecto.

Cansancio de juzgar, cansancio de discernir, de pensar... el anhelo de un día claro en un camino de sombra sin color.

Vivimos en una cultura tutelada, infantilizada. «Vivimos en», dentro de, adormecidos en una burbuja que nos protege y nos limita.

Las ideas tienen alas invisibles que saltan fronteras.

Tendrás que adaptar tus palabras para comunicarte con los demás, pero acepta que al hacerlo, adaptas tu pensamiento. Al transformar tu lenguaje, te transformas a ti mismo.

Hay tiempos para la creatividad y tiempos para el estudio. Volverán los días de la creatividad; ahora es de nuevo el tiempo del estudio, el aprendizaje y el perfeccionamiento.

La filosofía no es ni un título ni una doctrina, sino una actitud humanista.

Amamos tanto la libre indagación, que hemos ordenado a nuestros obradores de la palabra impedir cualquier asalto absolutista a la verdad. Esta orden es permanente e irrevocable.

Obradores... palabras horneadas, de buen olor, doradas y esponjosas, nutritivas.

Entre el lenguaje, la creatividad y lo verdadero hay un juego de música delicada.

Toda corriente filosófica genuina ha creído ser la definitiva, pero sólo la nuestra lo será de hecho.

Epílogo

Que la última imagen sea la del animal que duerme plácidamente.

Despedida

Agua

El pensamiento es cambio. El cambio es pensamiento.

Restos

¿Y si lo que he escrito hasta ahora no vale nada? ¿Y si lo que he escrito hasta ahora es una porquería?

Quién es un escritor para juzgar como válido lo que ha escrito, simplemente porque se sintió bien escribiéndolo.

Escribir es un proceso; y el escritor, más un estado que una identidad.

Y si crear es hacer algo nuevo y no repetirse, cuestionar lo ya andado es un paso atrás necesario para echar de nuevo a andar. O para quedarse en el sitio, si no encontramos un camino que recorrer.

¿Sirve de algo lo ya escrito, si no les sirve a los demás?

Recuperas los restos que flotan en el agua y van llegando a la playa. Quizá algo de valor y pesado se haya ido al fondo. Recoges cosas rotas, trastos, objetos absurdos. Ahora hay que estudiar estos errores para aprender de ellos. Y fabricar una caña con una vara e hilo... para pescar. Y hacer el fuego para pasar esta noche en caliente.

Índice

José Marzo es escritor y lingüista. Nació y se crió en Madrid, en un barrio de la periferia de la ciudad. Ha trabajado como antenista, obrero de automoción, recepcionista de noche de hotel, cartero, director de oficina postal y editor, entre otros empleos. Su biblioteca personal supera los tres mil volúmenes, entre obras de narrativa, historia, ciencia y filosofía. Entre sus novelas, los lectores han destacado *La alambrada* y *Viento en los oídos*. También es autor de cuentos y artículos y del ensayo de filosofía política *El paso*. En paralelo a su actividad creativa, ha sido promotor de asociaciones y proyectos culturales, como la revista *La Fábula Ciencia*. En 2006 fundó ACVF Editorial.

Más información en
www.acvf.es